SNS와 공식 쇼핑몰에서 서울문화사의 다양한 소식을 만나 보세요.

1판 1쇄 인쇄 | 2025년 11월 21일
1판 1쇄 발행 | 2025년 12월 9일

발행인 | 심정섭
본부장 | 문영
편집팀장 | 최영미
편　집 | 박유미, 이수진
구　성 | 정다예
디자인 | 김윤미
브랜드마케팅 | 황혜선
출판마케팅 | 홍성현, 김호현
제　작 | 이수행, 정수호

발행처 | (주)서울문화사
등록일 | 1988년 2월 16일
등록번호 | 제2-484
주　소 | 서울특별시 용산구 새창로 221-19
전　화 | 02-791-0708(판매)　02-799-9171(편집)
인쇄처 | 에스엠그린

I S B N | 979-11-7371-559-4
　　　　　979-11-7371-426-9 (세트)

ⓒTV생물도감

※잘못된 책은 구입처에서 교환해 드립니다.

TV생물도감 지음

서울문화사

시작하는 글

안녕하세요. TV생물도감입니다.
생물 전문 크리에이터로서 대한민국과 세계 곳곳을 다니며
많은 생물을 만나고 있습니다. 탐사를 다니며, 때로는 위험한 생물을
만나기도 합니다.

장수말벌이나 독사처럼 잘 알려진 생물뿐만 아니라, 독특한 생김새에
이끌려 가까이 갔다가 위험해지는 생물, 몸속에 독을 저장하고 있는
생물 등 세상에는 다양한 생물이 있습니다.
이 책을 통해 독을 가진 생물에 대해 알아가는 시간이 되었으면 합니다.

TV생물도감을 사랑해 주시는 구독자 여러분,
그리고 이 책을 펼쳐 주신 여러분께
진심으로 감사드립니다.
앞으로도 생물과 자연에 대한 흥미롭고
중요한 이야기를 계속해서
전해 드리겠습니다.

- TV 생물도감 -

생물 용어 알아 두기

독 독은 생물의 건강을 해칠 수 있는 화학 성분이에요. 어떤 생물은 먹이를 사냥하거나 자신을 보호하기 위한 생존 전략으로 독을 사용해요. 독은 신경독, 출혈독, 근육독 등 여러 종류가 있으며, 두 가지 이상의 독을 가진 생물도 있어요.

신경독

신경독은 신경의 신호 전달을 방해하는 독이에요.
뇌의 명령이 근육까지 전달되지 않아 몸이 마비되고,
호흡 곤란이 생길 수 있어요.
신경독에는 테트로도톡신, 삭시톡신 등이 있어요.
파란고리문어, 부채게, 복어, 코브라 등이
신경독을 가지고 있대요.

파란고리문어

물힘부채게

출혈독

방울뱀

출혈독은 혈액이 굳는 기능을 마비시켜서
상처가 나면 피가 멈추지 않게 만들고,
혈관을 파괴해요. 살모사과의 뱀이
이런 출혈독을 가진 경우가 많아요.

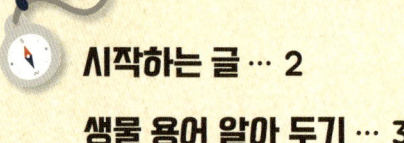

차례

시작하는 글 … 2

생물 용어 알아 두기 … 3

생태 보고서 01 하늘의 최강자! 초강력 장수말벌 … 6
생태 보고서 02 작지만 강하다! 불개미 집단 … 20
생태 보고서 03 무시무시한 숲속의 작은 킬러들 … 36
생태 보고서 04 세계 최강의 독사, 킹코브라 … 48
★ 생도의 탐구노트 독을 만드는 방법 … 54

생태 보고서 05 바닷속 공포의 대상! 파란고리문어 … 56
생태 보고서 06 지옥의 통증을 주는 쏠배감펭 … 70
생태 보고서 07 제주 바다의 공격수, 바다뱀 … 84
★ 생도의 탐구노트 약이 되는 독 … 98

생태 보고서 08	갑옷 속 푸른 피의 투구게 … 100
생태 보고서 09	강력한 무기, 맹독을 지닌 게 … 110
생태 보고서 10	닿으면 찌릿! 무적의 해파리 … 120
★ 생도의 탐구노트	독 응급 처치법 … 132

초등 과학 교과 연계
- 3-1 동물의 생활
- 3-2 지구와 바다
- 4-1 다양한 생물과 우리 생활
- 4-2 생물과 환경

> 오늘은 강원도 원주의 한 시골 마을에 왔습니다.

저리 가!

장수말벌들이 위협을 느끼고 잔뜩 화가 났어요.

꿀벌은 침이 일회용이라 한 번 쏘면 꽁무니가 떨어져 나가 더 이상 쏠 수 없는데, 장수말벌은 무한대로 쏠 수 있어서 정말 무서워요.

공격해!

위잉!

위잉!

장수말벌은 다른 벌보다 독의 양이 많으며, 꿀벌과 달리 침에 갈고리가 없어서 여러 번 공격할 수 있어요. 장수말벌의 독은 사냥 무기이자 보호 수단으로 쓰여요. 먹잇감을 마비시켜 사냥을 하거나 천적인 멧돼지, 두꺼비, 참새 등에게 공격당할 때 독침으로 자신을 보호해요.

앗! 쏘였다!

장갑을 잠깐 벗었는데 그 사이에 쏘였어요.

절대 장비를 벗으면 안 돼요!

아야!

거대

와, 장수말벌 집을 꺼냈는데 바위만큼 커요!

장수말벌은 굴이나 나무뿌리 근처 같은 어두운 구멍에 집을 지어요. 갉아낸 나무 껍질에 침을 섞어서 집을 만든대요.

밥 주세요!

육각형의 *육아방이 빽빽하게 이어져 있고, 칸마다 애벌레들로 꽉 차 있어요.

꾸물 꾸물 꾸물 꾸물 꾸물

→ 장수말벌 애벌레

*육아방: 벌집에서 애벌레가 자라는 공간.

여기 하얀 건 고치예요.
누에처럼 실타래를 뿜어서 만든 고치 안에서 번데기가 됩니다.

고치

벌집은 이렇게 층으로 나눠져 있어요. 더 자세하게 관찰해 볼까요?

층층이 쌓여서 만들어진 벌집

벌집을 분리해 볼게요.

쩌적!

두둥!

비상 비상!

적이 침입했다!

우아, 여기 여왕벌들이 모여 있어요. 일벌보다 훨씬 커요.

여왕벌

애벌레를 지켜야 해!

여왕벌들이 애벌레들을 돌보고 있습니다. 여왕벌은 일벌보다 공격성이 적은 편이네요.

떠나면 안 돼!

장수말벌은 벌목의 말벌과에 속하는 곤충으로 벌 무리 중 가장 큰 종이에요. 몸길이는 여왕벌이 약 37~44mm로 가장 크고, 수벌이 약 27~39 mm, 일벌이 약 27~37mm라고 해요.

여왕벌은 알을 낳아야 하기 때문에 배가 다른 벌보다 더 길고 커요. 이 큰 배에서 많은 알이 나오는 거예요.

수벌

수벌은 여왕벌보다 작고 독침이 없지만 강력한 큰 턱과 이빨이 있습니다.

독보다 강력한 이빨이 있다!

*성충: 다 자란 곤충.
*우화: 곤충이 번데기에서 어른 벌레가 되는 과정.

꿈틀

꿈틀

애벌레와 번데기를 꺼내면 이런 모습이에요. 애벌레도 정말 큽니다.

벌의 독에는 히스타민, 세로토닌이라는 성분이 들어 있는데, 이 성분은 피부를 붓게 하고 가렵게 만들어요. 특히 장수말벌의 독에는 *신경독인 만다라톡신과 아세틸콜린이 포함되어 있어서 아주 위험해요. 사람이 벌에 쏘이면 피부가 붉게 부어오르고 강한 통증을 느끼게 돼요. 심한 경우 *아나필락시스가 나타나므로 빨리 병원에 가야 해요.

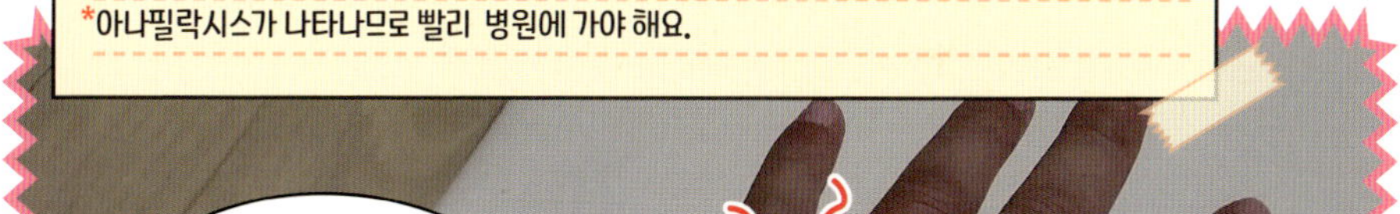

장수말벌에게 쏘인 지 10시간 정도 됐는데 손이 풍선처럼 부풀어 오르고, 너무 아프네요.

정말 강력한 독을 가졌어요.

퉁

퉁

장수말벌은 절대 만지지 마세요!

*신경독: 신경의 신호 전달을 방해하는 독.
*아나필락시스: 숨 쉬기 어려울 정도로 심각한 알레르기 반응.

장수말벌 애벌레는 딱정벌레목에 속하는 갑충이 아닌데 갑충류의 *유충처럼 생겼어요.

말벌과 장수말벌은 특이하게도 유충은 육식을 하고 성충이 되면 초식을 합니다.

유충은 머리에 비해 몸이 굉장히 커요. 통통한 게 귀엽네요.

꿈틀

꿈틀

땅은 불편해! 다시 집으로 보내 줘!

육각형 벌집 속에서만 지내기 때문에 기어다니지 못해요. 몸을 조금 꿈틀거리는 것, 턱으로 먹이를 씹는 것 외에는 움직임이 거의 없어요.

*유충: 곤충의 어린 시절.

*경단: 곤충이 먹잇감을 동그랗게 뭉친 덩어리.

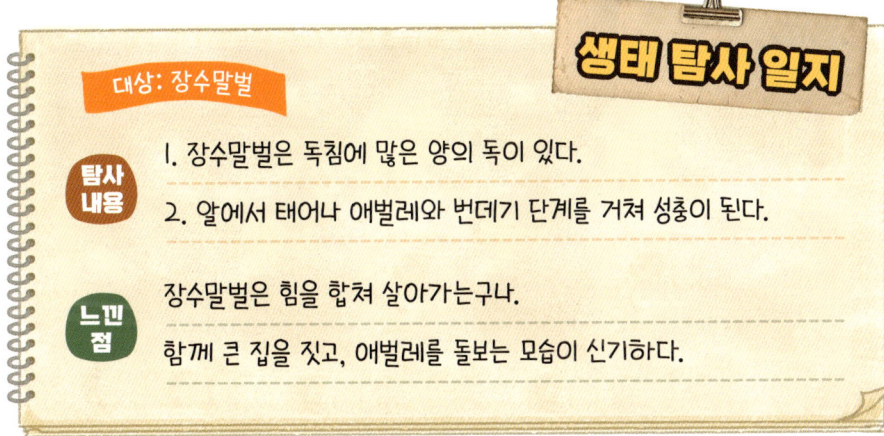

생태보고서 02

곤충류 파충류 갑각류

작지만 강하다! 불개미 집단

TV생물도감의 탐사 영상

대상: 불개미, 일본왕개미

엉덩이에서 산을 발사하는 곤충은?

작아도 얕볼 수 없는 사냥 실력!

오늘은 굉장히 무시무시한 생물을 찾으러 갈 거예요.

이 생물은 피부에 닿으면 위험할 수 있어서 방충복을 입겠습니다.

방충복

과연 생도가 오늘 만날 생물은?

불개미 집

오늘의 주인공, 불개미입니다. 솔잎을 쌓아 둔 이곳이 불개미의 집이에요. *군체의 크기가 상당히 크네요.

불개미는 솔잎이나 향나무 잎을 탑처럼 높이 쌓아서 집을 만들어요.

불개미는 벌목 개미과의 곤충으로, 높은 산에 서식하는 종이에요. 한국, 일본, 중국, 대만, 러시아 등에 분포해요. 일개미는 몸길이가 약 5~8mm, 여왕개미는 약 9~11mm인 중형종 개미에요. 머리와 가슴은 붉은색을 띠며, 일개미의 수명은 1년이 채 안 되지만, 여왕개미는 10년 이상도 산대요.

삽으로 개미집을 파 볼게요.

집을 건드렸더니 개미들이 난리가 났어요.

*군체: 같은 종의 개체가 모여서 살아가는 집단.

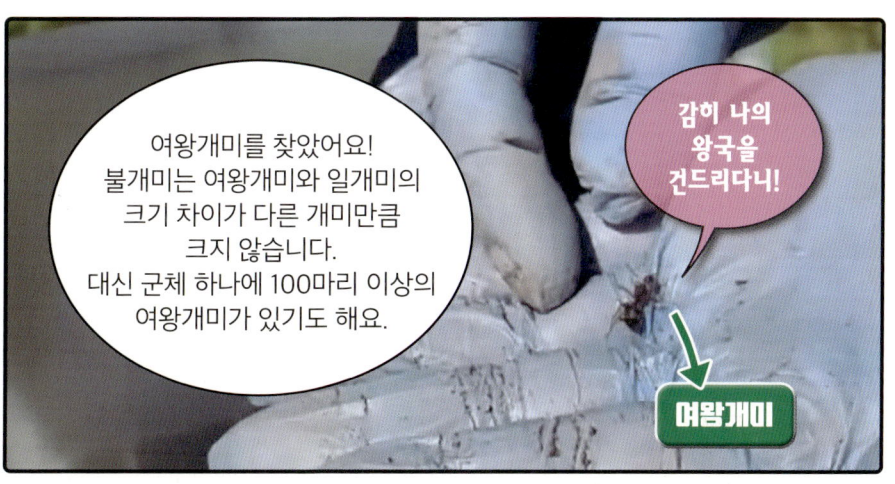

여왕개미를 찾았어요!
불개미는 여왕개미와 일개미의
크기 차이가 다른 개미만큼
크지 않습니다.
대신 군체 하나에 100마리 이상의
여왕개미가 있기도 해요.

감히 나의
왕국을
건드리다니!

여왕개미

불개미는 개미산이라는
*산성을 띠는
화학 물질을 분비해요.
위협을 느끼면 꽁무니를 하늘로
치켜세우고 물총 쏘듯이
개미산을 발사해요.

발사!

개미산으로 천적의
시야를 흐리게 하거나
자극을 주어서 접근을
못 하게 합니다.

*산성: 신맛이 나고 금속 등의 물질을 녹일 수 있는 성질.

여러분, 보이시나요?
날개를 접고 있을 때는 나무껍질처럼 생긴 무늬 때문에 눈에 잘 안 띄지만

날개를 펴는 순간 화려한 푸른색 띠를 볼 수 있는 청띠신선나비예요.

청띠신선나비

만주점박이꽃무지

만주점박이꽃무지는 광택이 정말 보석 같아요.

적응이 빠른 친구들은 벌써 새끼들을 데리고 굴속으로 들어가고 있어요.

쏘옥
쏘옥
들어가도 돼!

커다란 개미는 병정개미예요.

병정개미는 큰턱이 있고, 몸집이 큰 편이에요. 경비를 서거나 *페로몬을 분비해 질서를 유지해요.

지금 더듬이를 맞대서 페로몬으로 신분을 확인하고 있어요. 서로의 페로몬을 복제해서 통일해가는 과정인데, 수상한 개미가 있으면 공격하기도 하죠.

흠~ 넌 통과!

*페로몬: 동물이 의사소통을 위해 몸에서 내보내는 물질.

일본왕개미는 원래 여왕 한 마리가 군체를 이뤄요.

이 군체는 특이하게 여왕개미가 굉장히 많아요.

여왕개미가 여러 마리 있는 특이한 군체!

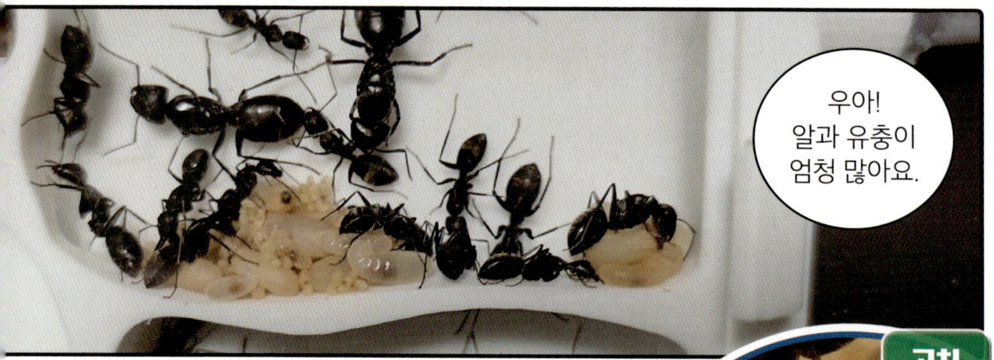

우아! 알과 유충이 엄청 많아요.

육아를 열심히 하고 있는 일개미들이 정말 귀엽네요.

무럭무럭 자라렴!

고치

약간 반투명한 건 고치예요. 여기서 개미들이 태어나요.

과연 어떤 친구의 집일까?

바로 불개미입니다. 일본왕개미보다 크기는 좀 작지만 더 활발하게 움직여요.

이곳의 불개미 군체는 만 마리 정도 되는 대군체예요. 굉장히 공격적이고 사냥도 정말 잘해요.

오늘도 사냥 성공!

불개미는 솔잎과 낙엽 부스러기들을 산처럼 쌓아 집을 짓는 특성이 있어요. 그래서 *둔덕 형태로 집을 만들어 줬어요.

솔잎과 나뭇잎을 넣었더니 하루 만에 이렇게 쌓였어요. 정말 대단하죠?

하루 만에 만들어진 개미집!

*둔덕: 가운데가 솟아서 불룩하게 언덕이 진 곳.

불개미는 둥지에서 조금 먼 곳에 사체를 모아 두는 쓰레기장을 만듭니다.

쓰레기장

불개미가 발사하는 개미산은 산성이라서 피부에 닿으면 굉장히 따갑고, 알레르기 반응이 일어날 수 있어요.

불개미 모형

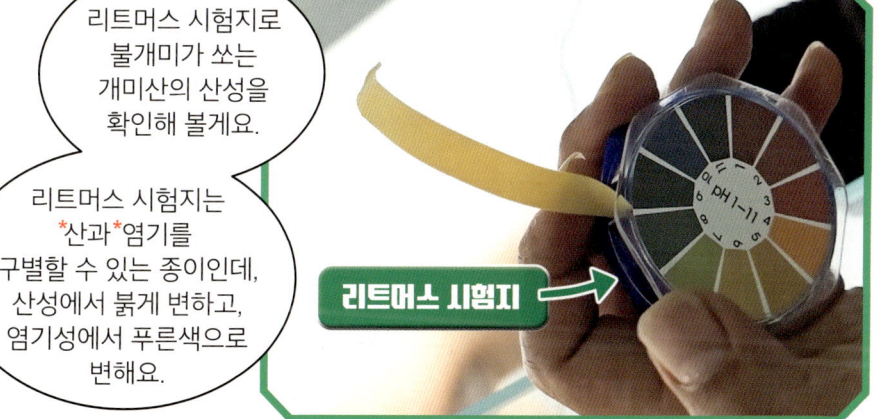

리트머스 시험지로 불개미가 쏘는 개미산의 산성을 확인해 볼게요.

리트머스 시험지는 *산과 *염기를 구별할 수 있는 종이인데, 산성에서 붉게 변하고, 염기성에서 푸른색으로 변해요.

리트머스 시험지

*산: 레몬, 식초 등에 들어 있는 신맛을 내는 물질.
*염기: 비누, 세제 등에 들어 있는 쓴맛을 내거나 촉감이 미끈미끈한 물질.

여기는 짱구개미의 사육장이에요.

우리나라에서 유일하게 곡식을 주식으로 삼는 개미예요.

짱구개미

생태 탐사 일지

대상: 불개미, 일본왕개미

 탐사 내용
1. 불개미는 꽁무니를 치켜세우고 개미산을 발사한다.
2. 불개미는 솔잎, 낙엽 등을 산처럼 쌓아 집을 짓는다.

 느낀 점
불개미가 산성이 강한 개미산을 쏜다는 것을 알았다.
개미는 아주 작지만 자신만의 생존법이 있구나!

무시무시한 숲속의 작은 킬러들

생태보고서 03

절지류 파충류 갑각류

TV생물도감의 탐사 영상

대상: 타란툴라, 플레임렉 센티패드

털이 북슬북슬한 거미?!

붉은 다리를 가진 커다란 지네!

이곳은 태국 치앙마이에 있는 정글이에요.

정글에서는 맹독을 가진 생물이나 거머리를 조심해야 해요!

안전한 탐험 되시길!

치앙마이의 정글은 어떤 모습일까?

나를 어디로 데려가는 거야!

일부 타란튤라는 독뿐만 아니라 털도 위험합니다. 털이 피부에 박히거나 호흡기에 들어가면 알레르기 반응을 일으킬 수 있어요.

우아, 엄청 큰 황금무당거미를 발견했어요!

대롱 대롱

날씨 좋다~!

잡아 볼게요!

휘익

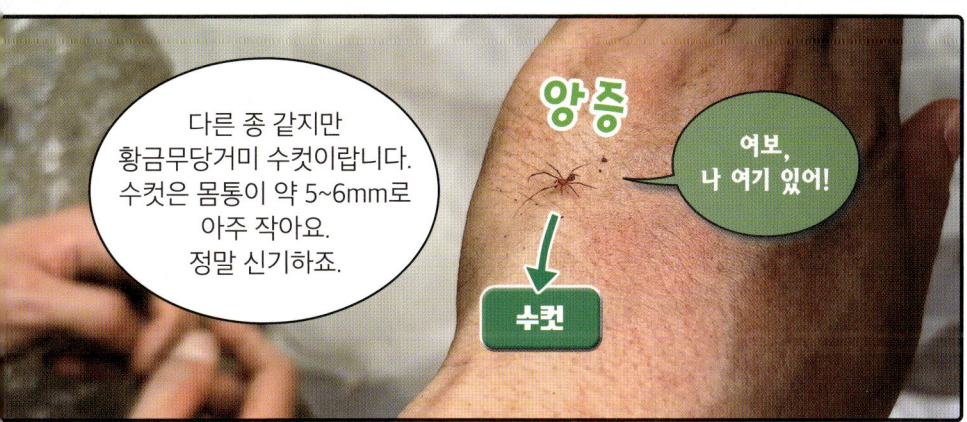

플레임렉 센티패드

플레임렉 센티패드예요.
낮에 만난 개체보다 크네요.
약 30cm까지 큰다고 하니
아마 더 자랄 거예요.

이빨과 턱이
무시무시하죠?
플레임렉에게 물리면
불에 타는 듯한 강한
통증이 나타나니
조심해야 해요.

안 놓으면
문다!

강한 통증을 일으키는 플레임렉

생태 탐사 일지

대상: 타란툴라, 플레임렉 센티패드

 탐사 내용
1. 플레임렉 센티패드는 다리가 붉은색을 띠고, 매우 강한 독을 가졌다.
2. 타란툴라는 털이 북슬북슬 나 있고, 어른 손바닥만큼 크다.

 느낀 점
타란툴라와 플레임렉 센티패드의 빠른 움직임에 놀랐다.
두 생물은 사냥할 때 독을 이용한다는 사실을 알게 되었다.

외알안경코브라예요. 이빨에 독샘이 연결되어 있어서, 사냥감을 물어서 독을 주입해요.

외알안경코브라는 뱀목 코브라과에 속하는 독뱀으로, 몸길이가 135~150cm 정도로 자라요. 신경독을 가지고 있는데, 독의 주입량이 매우 많아서 사람에게도 위협적인 종이에요.

길쭉

외알안경코브라

후드

어때? 무섭지?

코브라과의 뱀은 위협을 느끼면 목 주변의 피부인 후드를 펼치고 허리를 세워서 몸을 커 보이게 해요.

꼿 꼿

코브라과에는 독을 뿌리는 종도 있는데, 외알안경코브라는 독을 뿌리지는 않아요.

스피팅코브라

코브라과의 뱀은 '칙' 하는 소리를 내며 머리를 들고 일어나 목 주변 피부인 후드를 펼치면서 적을 위협해요. 코브라는 한 번에 매우 많은 양의 신경독을 주입하는데, 코끼리도 죽일 수 있는 양이래요. 킹코브라, 우산뱀, 내륙 타이판 등의 독사가 코브라과에 속해요.

머리 뒤쪽에 짐승의 눈 같은 무늬가 있어요.

흔들

코브라는 시각에 의존을 많이 해서 움직이는 물건이나 생물에 반응해요.

나뭇잎을 흔드니까 바로 달려드네요.

촤앗

외알안경코브라가 화가 났나 봐요.

허리를 꼿꼿하게 세우고 건드리지 말라는 경고의 메시지를 전하고 있어요.

코브라의 독이 흘러내리고 있어요.

날 내버려 둬!

독

이 친구는 버마비단뱀이에요. 비단뱀과에 속하는 대형 뱀이에요. 다 크면 5m가 넘는대요. 온순한 편이고, 독은 없어요.

버마비단뱀

나는 순해~.

생태 탐사 일지

대상: 외알안경코브라, 킹코브라

 탐사 내용

1. 코브라과의 뱀은 고개를 들고 후드를 펼쳐서 상대를 위협한다.
2. 외알안경코브라는 머리 뒤쪽에 동물의 눈 같은 무늬가 있다.

 느낀 점

코브라는 독니에 강한 신경독을 가지고 있구나.

독의 주입량도 많다니 무시무시하다.

생도의 탐구노트

오늘의 주제: 독을 만드는 방법

모든 생물은 자신만의 생존 전략을 가지고 있어요. 어떤 생물은 독을 사용해서 사냥을 하거나 자신을 보호하는 데 사용해요. 이런 강력한 생존 수단이 되는 독을 어떻게 갖게 되었을까요? 생물들이 독을 만드는 방법을 알아보아요.

직접 만들어요!

어떤 생물은 독을 직접 만들어요. 몸속에서 독을 만들고 특수한 세포나 조직에 저장해 두었다가 필요할 때 사용해요.

킹코브라
Ophiophagus hannah

먹어서 얻어요!

독이 있는 먹이를 먹어서 몸속에 독을 저장하는 생물도 있어요. 독개구리, 복어, 부채게과의 게들은 독이 있는 작은 벌레나 해조류 등을 먹어서 독을 몸에 모아 두었다가 사용한대요.

독화살개구리
Dendrobates tinctorius

친구가 도와줘요!

다른 생물의 독을 이용하는 생물도 있어요. 폼폼크랩은 독이 있는 말미잘을 잘라 양 집게에 들고 다녀요. 보라문어는 독이 있는 해파리의 촉수를 빨판에 붙여서 무기로 사용한답니다.

폼폼크랩 *Lybia tessellata*

생도가 찍은 맹독 생물!

TV생물도감

장수말벌
Vespa mandarinia

타란툴라
Cyriopagopus minax

플레임렉 센티패드
Scolopendra dehaani

외알안경코브라
Naja kaouthia

탐사네컷

바닷속 공포의 대상! 파란고리문어

생태보고서 05

두족류 파충류 갑각류

TV생물도감의 탐사 영상

대상: 파란고리문어

작지만 강한 독이 있다!

화가 나면 색이 변하는 문어!

오늘의 소개할 생물은 누구일까요?

안녕?

바로 세상에서 가장 위험한 문어로 알려진 파란고리문어입니다. 맹독이 있어서 조심히 관찰할게요.

파란고리문어

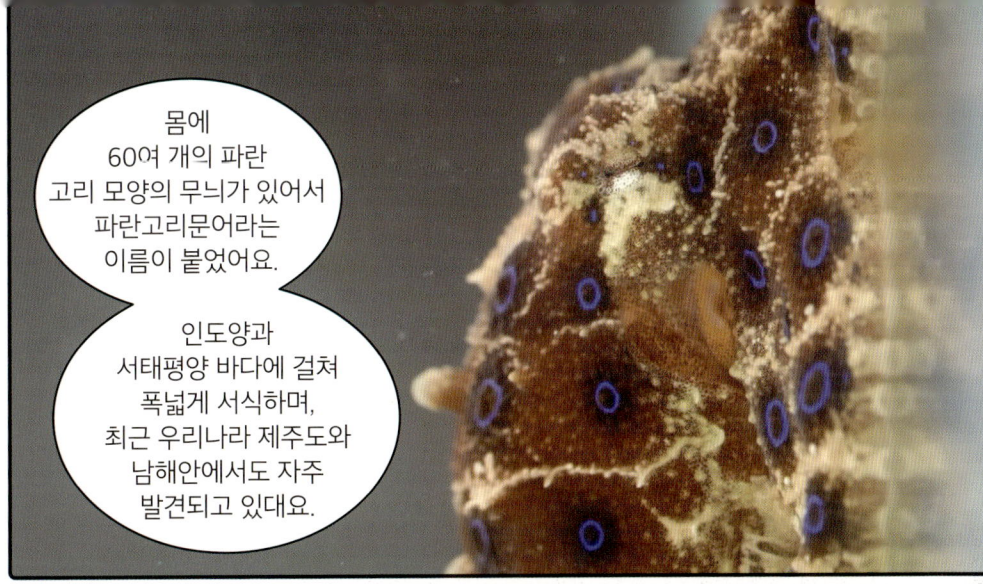

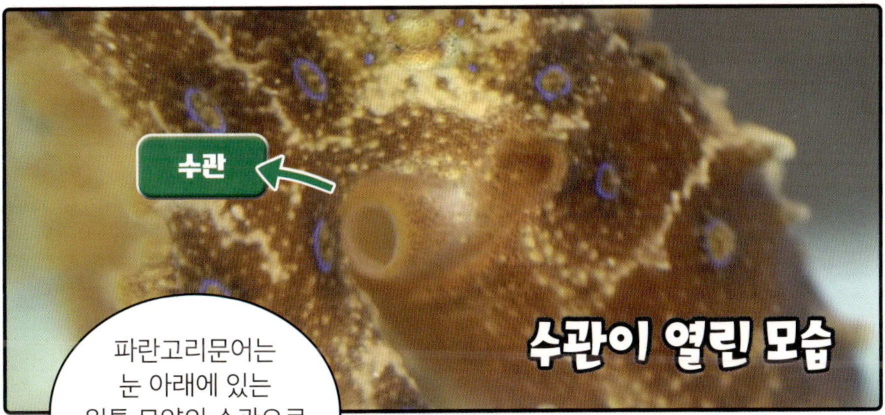

전체적인 형태나 구조는 일반적인 문어와 비슷해요.

다른 문어처럼 8개의 다리와 수많은 빨판이 있습니다.

빛나는 무늬를 보여 줄까?

평소에는 몸 색깔이 어둡지만, 위협을 느끼면 몸 전체가 밝은 노란빛으로 변하면서 무늬가 진하게 빛나요.

한 번 건드려 볼게요.

*두족류는 대부분 방어 수단으로 먹물을 쓰는데, 파란고리문어는 방어 수단이자 사냥 수단으로 독을 사용합니다.

이빨과 연결된 독샘에서 테트로도톡신이라는 신경독이 나와요.

파란고리문어가 우리나라에서 발견되는 사례가 늘고 있어요. 파란고리문어는 복어의 독으로 알려진 테트로도톡신을 가지고 있어서 물리면 목숨이 위험할 수도 있어요. 파란고리문어에게 물리면 당장 통증이 없더라도 반드시 병원에 가야 합니다. 바다에서 파란고리문어를 발견한다면 절대 만지지 말고 자리를 피해야 해요.

아주 위험한 생물이지만 파란고리문어의 성격이 온순한 편이라 사람을 먼저 공격하는 일은 거의 없죠.

겁먹지 마~!

*두족류: 문어, 오징어 등 척추가 없고 몸이 연한 연체동물 중에서 머리에 다리가 달려 있는 종류.

순식간에 게를 온몸으로 잡아서 독을 주입합니다.

꽈

악

더 이상 게의 움직임이 느껴지지 않네요.

파란고리문어가 천천히 먹이를 먹습니다.

사냥도 성공하고 맛도 있고, 기분 최고!

파란고리문어는 몸의 색으로 기분을 나타내기도 해요. 지금은 사냥 과정에서 잔뜩 흥분해서인지 파란 불빛이 도드라져 보입니다.

생태 탐사 일지

대상: 파란고리문어

 탐사 내용
1. 파란고리문어는 몸에 파란색 고리 모양의 무늬가 있다.
2. 파란고리문어는 테트로도톡신이라는 강한 독이 있다.

 느낀 점
위협을 느낄 때 몸 전체가 밝은 노란빛으로 변하고 파란 고리 무늬가 선명해지는 모습이 신비하다.

지옥의 통증을 주는 쏠배감펭

대상: 쏠배감펭

독 가시를 가진 무시무시한 생물!

눈앞에 있으면 먹고 보는 최고의 먹성!

오늘 소개할 생물은 쏠배감펭이에요. 무늬와 등지느러미가 정말 화려해요.

반가워~!

쏠배감펭

금붕어도 넣어 줬어요.

금붕어가 감쪽같이 사라졌습니다. 잠깐의 망설임도 없이 한입에 잡아먹었어요.

잠시 후

먹이를 많이 먹어서 올챙이 배가 되었어요.

배가 이렇게 터질 듯이 불러도 먹이를 주면 아마 또 먹을 거예요.

볼록

쏠배감펭의 기분이 좋아 보이네요.

배가 든든하니 기분 좋다~!

쏠배감펭은 30~40cm 정도로 자라는 물고기예요. 흑갈색 반점이 있는 화려한 등지느러미가 사자 갈기처럼 보여서 영문명은 Lionfish(사자 물고기)예요. 등지느러미에 강한 독이 있어서 천적이 거의 없고, 왕성한 식욕 때문에 생태계에 문제를 일으키기도 해요.

75

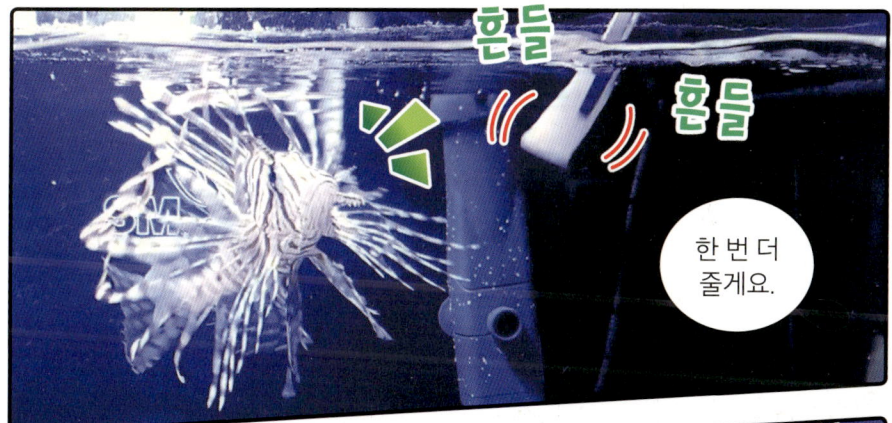

둥실

저기 있다!

한입에

콱!

반대로 *피식자인 초식동물은 천적을 감시하기 위해 눈의 위치가 바깥을 향하고 있어서 시야가 넓어요.

*피식자: 다른 동물에게 잡아먹히는 동물.

*육식어: 물고기를 잡아먹는 어종.

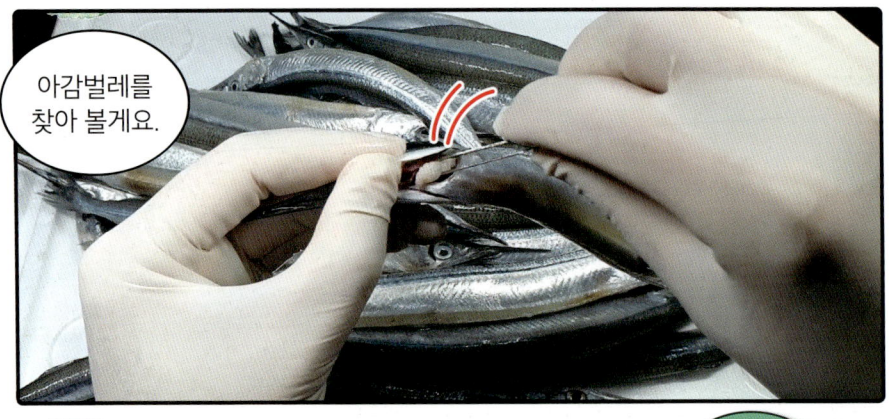

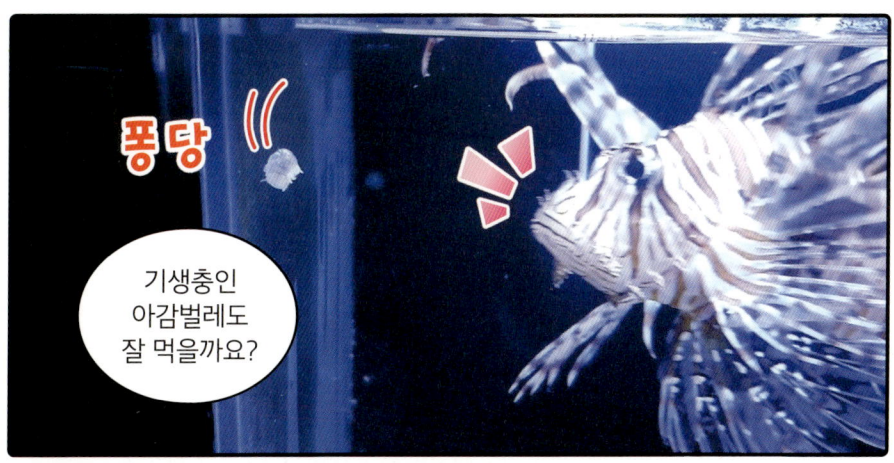

기생충인 아감벌레도 잘 먹을까요?

역시나 먹보답게 안 가리고 매우 잘 먹습니다.

생태 탐사 일지

대상: 쏠배감펭

 탐사 내용
1. 육식성이 강한 쏠배감펭은 큰 물고기도 잡아먹는다.
2. 화려한 등지느러미에는 단단한 가시와 무시무시한 독이 있다.

 느낀 점
사자의 갈기처럼 생긴 화려한 등지느러미가 멋지다.
큰 입으로 먹이를 잡아먹는 모습이 기억에 남는다.

제주 바다의 공격수, 바다뱀

생태보고서 07

파충류 · 어류 · 갑각류

TV생물도감의 탐사 영상

대상: 넓은띠큰바다뱀

물속에서 사는 거대한 바다뱀!

헤엄치기 위해 발달된 납작한 꼬리!

오늘은 바다뱀을 만나러 충청남도 서천에 있는 국립해양생물자원관에 왔습니다.

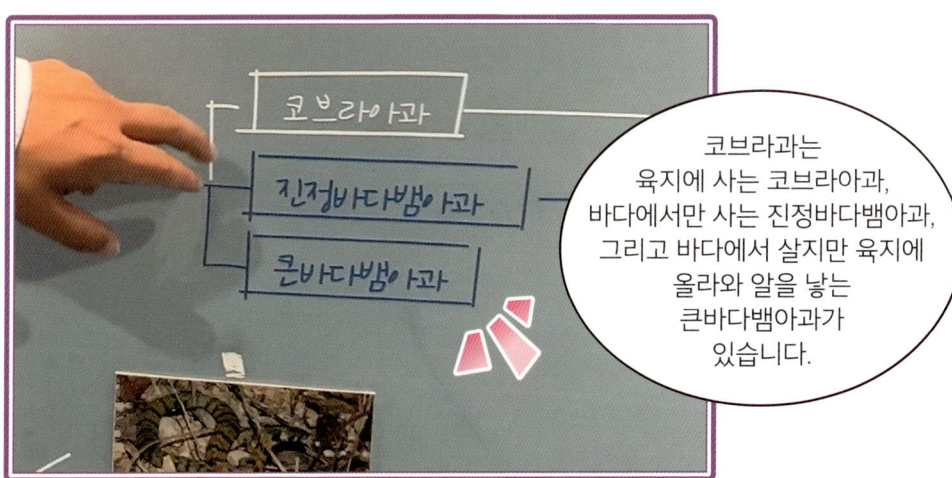

코브라과는 육지에 사는 코브라아과, 바다에서만 사는 진정바다뱀아과, 그리고 바다에서 살지만 육지에 올라와 알을 낳는 큰바다뱀아과가 있습니다.

바다뱀은 따뜻한 바다를 좋아해요. 바다뱀은 약 70종이 있는데, 우리나라에는 5종이 살고 있어요.

우리나라에는 바다뱀, 먹대가리바다뱀, 얼룩바다뱀, 넓은띠큰바다뱀, 좁은띠큰바다뱀이 서식해요. 넓은띠큰바다뱀은 열대바다에서 서식하는 종이지만, 지구 온난화로 바닷물이 따뜻해지면서 우리나라 바다에서도 발견되고 있어요.

이곳에 바다뱀이 있대요.

바다뱀은 어디 있을까?

바다뱀은 물속에서 살지만, 아가미가 없고 폐로 호흡하기 때문에 숨을 쉬러 수면 위로 자주 올라와요.

숨 쉴 시간이네!

빼꼼

일부 바다뱀은 피부 호흡을 통해 물속에서도 숨을 쉴 수 있지만, 대부분은 수면으로 올라와 숨을 쉽니다.

음~ 공기 좋다!

넓은띠큰바다뱀은 일반적으로 몸통이 옅은 파란색이고, 배비늘은 연한 노란색이에요. 줄무늬는 'V'자 형태로 등 쪽이 넓고, 배 쪽으로 갈수록 좁아져요. 몸통에 약 25~45개, 꼬리에 약 5~8개의 줄무늬가 있어요. 몸길이는 약 80~120cm, 무게는 약 1.2kg이에요.

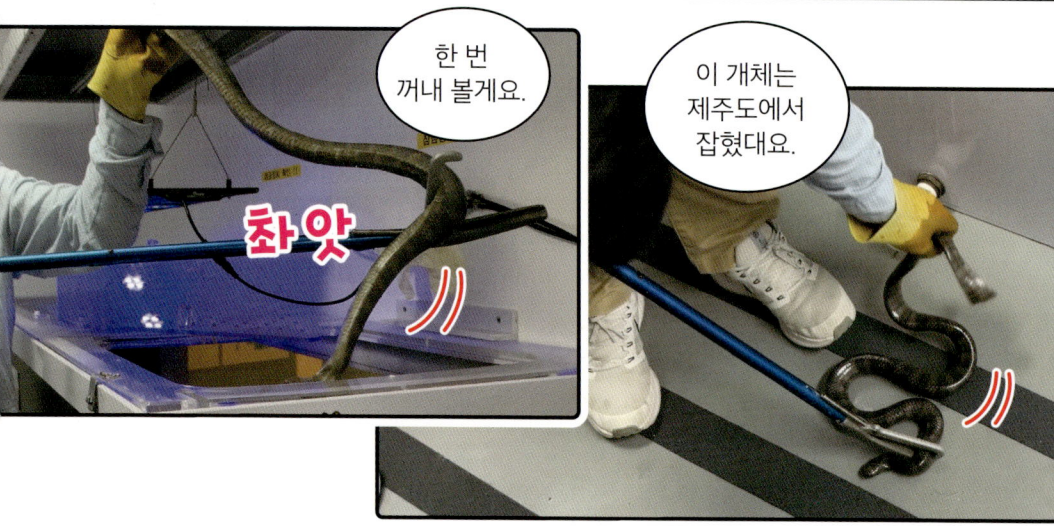

*담수: 강이나 호수처럼 소금기가 없는 물.

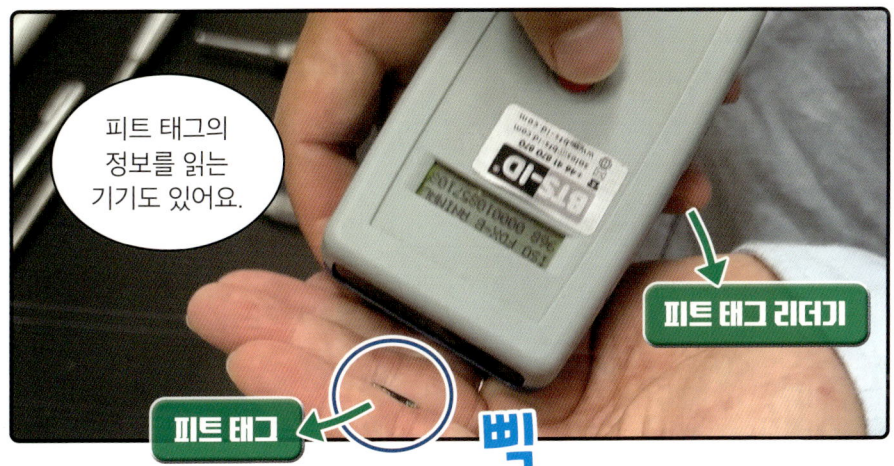

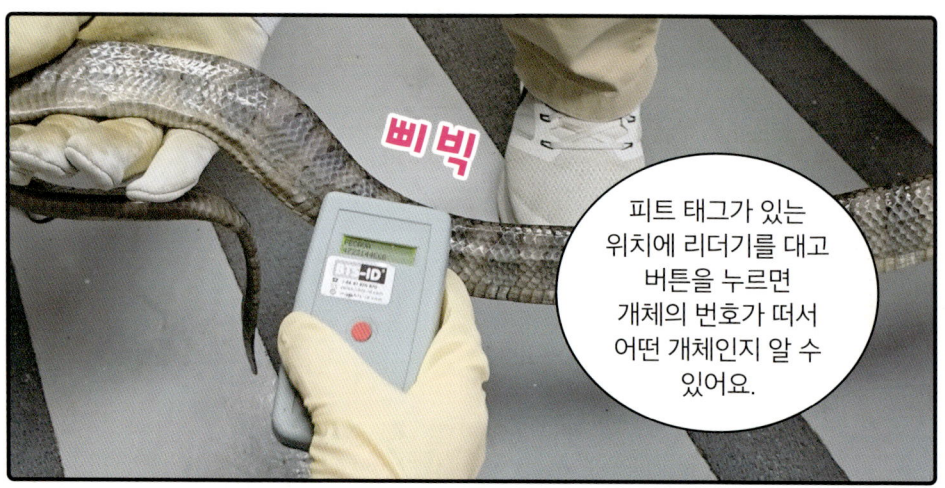
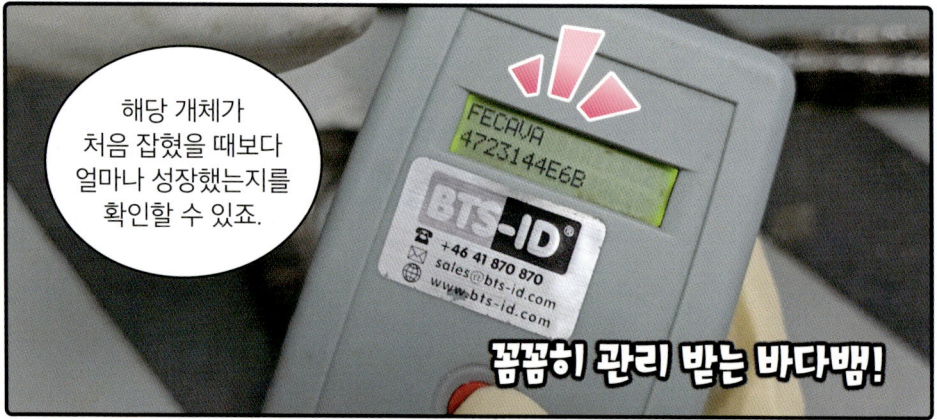
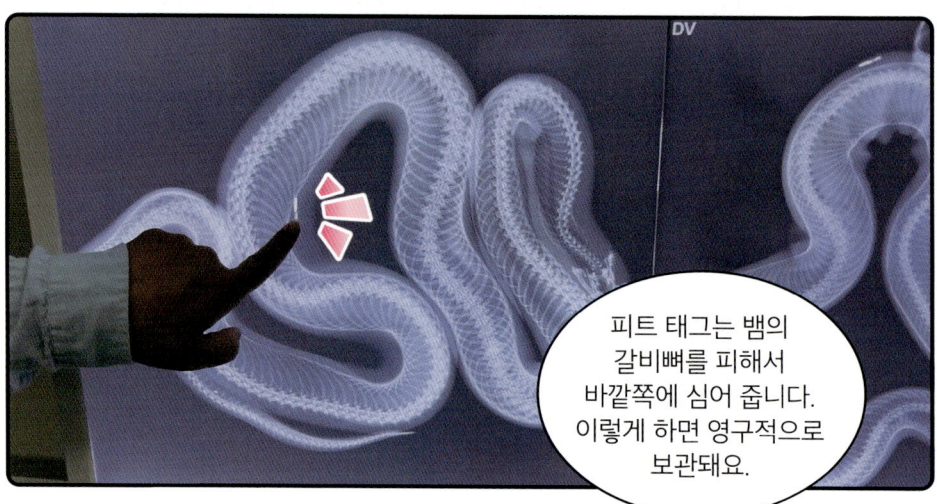

넓은띠큰바다뱀의 얼굴을 자세히 보면 코브라와 비슷합니다.

나는 착해~!

넓은띠큰바다뱀은 온순한 편이지만, 모든 바다뱀이 온순한 건 아니에요.

큰바다뱀아과의 뱀은 대부분 공격성이 낮고, 진정바다뱀아과의 뱀은 공격적인 편이에요.

바다뱀은 이빨에 아주 강한 독이 있어요. 독니로 사냥감에게 독을 주입해서 잡아먹어요.

바다뱀은 육지뱀과 달리 꼬리가 아주 납작해요. 물속에서 헤엄을 치기 위해 꼬리가 납작하게 발달했어요.

납작

바다뱀과 육지뱀의 가장 큰 차이는 꼬리!

대부분의 뱀은 만졌을 때 비늘이 하나하나 느껴지는데, 바다뱀은 무늬만 있고 비늘이 없는 것처럼 매끈해요.

맨들
맨들

*허물: 파충류, 곤충류 등이 자라면서 벗는 껍질.

96 *표본: 동식물이나 곤충을 연구하기 위해 실제 모양을 보존해 둔 것.

생도의 탐구노트

오늘의 주제
약이 되는 독

독을 가진 생물은 두려움의 대상으로 여겨지지만, 생물이 가진 독이 무섭기만 한 건 아니에요. 독을 잘 활용하면 우리에게 꼭 필요한 약이 되기도 한답니다. 어떤 독을 활용할 수 있을까요?

오리너구리

오리너구리 *Ornithorhynchus anatinus*

오리너구리 수컷의 뒷발에는 강력한 독샘이 있어요. 이 독은 다른 수컷과 경쟁을 하거나 포식자로부터 자신을 보호할 때 사용해요. 오리너구리의 독 성분으로 당뇨병 치료제를 연구하고 있어요.

복어

흰점꺼끌복 *Arothron hispidus*

복어는 난소와 간에 테트로도톡신이라는 신경독을 가지고 있어요. 이 독 성분으로 진통제, 암 치료제를 연구하고 있어요.

해파리

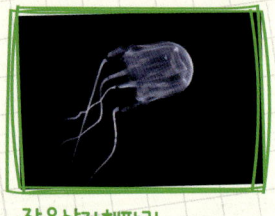

작은상자해파리 *Carybdea brevipedalia*

해파리의 촉수에 있는 독단백질에서 치매를 억제할 수 있는 물질이 발견됐대요. 이를 이용해 치매 치료제를 연구하고 있어요.

생도가 찍은 맹독 생물!

TV생물도감

파란고리문어
Hapalochlaena lunulata

쏠배감펭
Pterois lunulata

넓은띠큰바다뱀
Laticauda semifasciata

탐사네컷

99

생태보고서 08

협각류 파충류 갑각류

갑옷 속 푸른 피의 투구게

TV생물도감의 탐사 영상

대상: 맹그로브투구게, 남방투구게

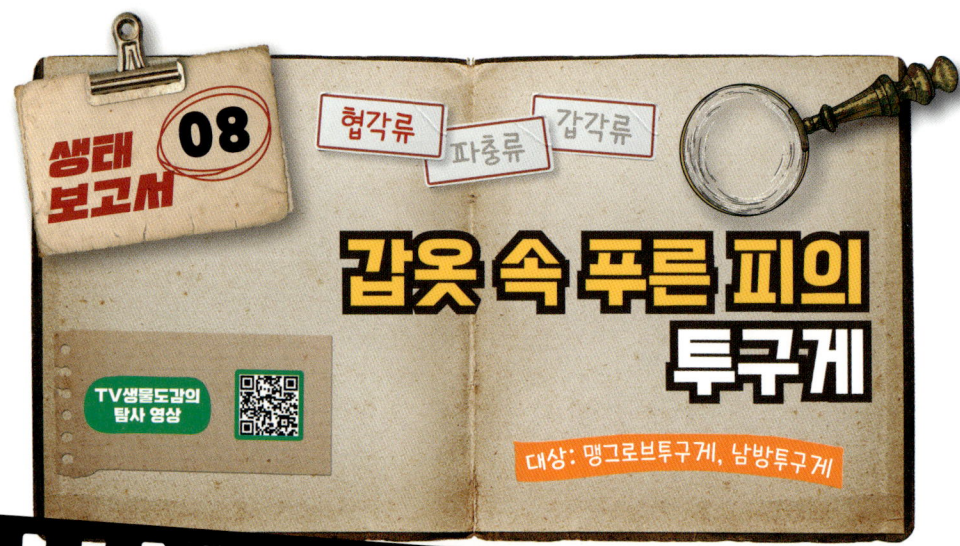

2억 년을 살아온 살아 있는 화석!

눈이 9개나 있는 투구게!

이곳은 태국의 맹그로브 숲이에요.

맹그로브 숲은 아열대와 열대의 해변이나 습지에서 발달하는 숲이에요. 맹그로브 숲을 이루는 맹그로브 나무는 복잡하게 얽힌 뿌리가 땅 위로 드러나 있어요. 이런 나무들이 다양한 생물의 터전을 만들어 주고 있습니다.

투구게 껍데기를 발견했어요.

따개비가 엄청 많이 붙어 있네요. 물에 씻어 볼게요.

참방
참방
따개비

*투구를 뒤집어쓴 듯한 모습이 정말 멋지죠? 영어 이름이 말발굽 게(Horseshoe crab)인데, 말발굽도 닮았어요.

과연 살아 있는 투구게를 만날 수 있을까?

*투구: 군인이 전투할 때 머리를 보호하기 위해 쓰던 쇠로 만든 모자.

그날 저녁

투구게다!

좌앗!

헤엄치고 있는 투구게를 발견했어요!

맹그로브투구게

4억 5천만 년 전부터 존재한 살아 있는 화석, 맹그로브투구게입니다. 투구게를 보다니 감격스러워요.

날 만나다니 운이 좋군!

맹그로브투구게는 난소, 간, 내장 등에 신경독의 종류인 테트로도톡신이 있대요.

투구게는 절지동물문 협각류 투구게과에 속해요. 이름에 '게'가 들어가지만, 전갈이나 거미와 같은 협각류에 속해요. 약 4억 5천만 년 전부터 살아 왔고, 2억 년 전의 모습과 거의 똑같아서 '살아 있는 화석'이라고 불러요. *탈피를 하며 성장하며, 맹그로브투구게는 약 30cm, 큰 종은 60cm 이상으로 자라기도 해요.

*탈피: 파충류, 곤충류 등이 자라면서 허물이나 껍질을 벗는 것.

남방투구게가 맹그로브투구게보다 훨씬 커요.

남방투구게는 지금보다 더 클 거예요.

맹그로브투구게

남방투구게

맹그로브투구게와 남방투구게의 색과 크기가 다르지만,

두 종을 구분할 수 있는 더 정확한 방법이 있어요.

더 정확한 방법이 뭘까?

남방투구게는 꼬리가 삼각형이고 모서리가 뾰족해요.

뾰족

맹그로브투구게의 꼬리는 살짝 둥글둥글해요. 맹그로브투구게는 독이 있어서 투구게의 종을 구분하는 건 중요한 일이에요.

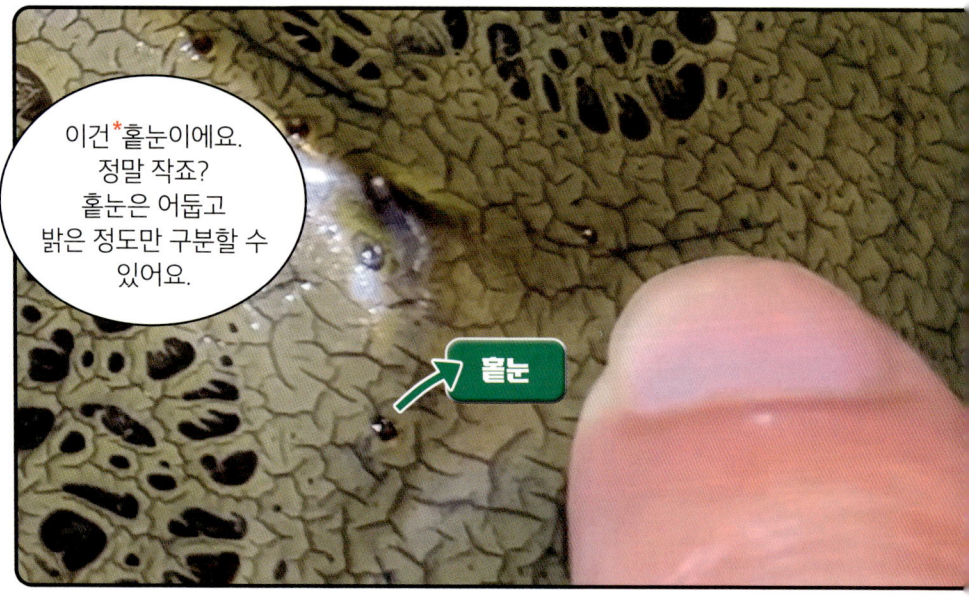

투구게는 눈이 많아요. 이건 여러 개의 눈이 합쳐져 있는 형태인 *겹눈이에요.

물체의 형태나 움직임 등을 볼 수 있대요.

겹눈

이건 *홑눈이에요. 정말 작죠? 홑눈은 어둡고 밝은 정도만 구분할 수 있어요.

홑눈

*겹눈: 여러 개의 눈이 벌집 모양으로 모여서 이루어진 눈.
*홑눈: 빛을 감지하는 눈.

투구게는 옆면과 아랫면에도 눈이 있어요.

9개의 눈을 가진 투구게

투구게의 피는 파란색이에요. 피에 들어 있는 *헤모시아닌이라는 성분이 산소와 만나면 파란색으로 변하기 때문이에요. 같은 협각류인 거미와 전갈의 피도 파란색이에요.

투구게의 혈액은 백신이나 의약품을 만드는 데 사용되기도 합니다.

투구게 혈액

생태 탐사 일지

대상: 맹그로브투구게, 남방투구게

탐사 내용
1. 투구게는 말발굽 모양의 몸통에 긴 꼬리를 가졌다.
2. 투구게의 피는 거미와 전갈처럼 파란색을 띤다.

느낀 점
고생대에 살던 생물이 아직 살아 있다니! 투구 같은 생김새와 파란색 피가 정말 신비롭다.

*헤모시아닌: 대부분의 무척추생물의 핏속에 들어 있는 단백질 성분.

생태 보고서 09

갑각류 거미류 파충류

강력한 무기, 맹독을 지닌 게

TV생물도감의 탐사 영상

대상: 매끈이송편게, 바위부채게, 묻힘부채게

악마 게라고 불릴 만큼 무서운 게!

강아지를 닮은 귀여운 복어!

이곳은 일본의 오키나와예요! 어떤 생물들이 살고 있을까요?

처음 만난 친구는 붉은빛이 도는 예쁜 물고기예요.

뾰족

Sargocentron sp.

우아, 색이 정말 예쁘죠. 이 친구는 납작벌레 종류예요.

안녕?

살랑 살랑

Pseudobiceros sp.

영어 이름은 '스패니쉬댄서(Spanish dancer)'예요. 플라멩코라는 스페인 전통 춤을 출 때 옷이 나풀거리는 모습과 비슷해서 붙은 이름이에요.

내 춤 어때?

나풀 나풀

스페인 전통 의상

111

매끈이송편게 발견!

삭시톡신이라는 맹독이 있는 무시무시한 게예요.

매끈이송편게

대부분의 게는 독이 없지만, 부채게과의 게는 신경독에 해당하는 테트로도톡신과 삭시톡신을 가진 경우가 많아요. 게는 같은 종이라도 사는 지역에 따라 가진 독 성분이 다를 수 있어요.

맹독을 가진 게!

부채게과의 게가 가진 독은 뜨거운 물에 끓여도 파괴되지 않는대요.

제주도에도 서식하기 때문에 생김새를 잘 기억했다가 혹시 만나게 되면 조심하도록 해요.

쏘옥

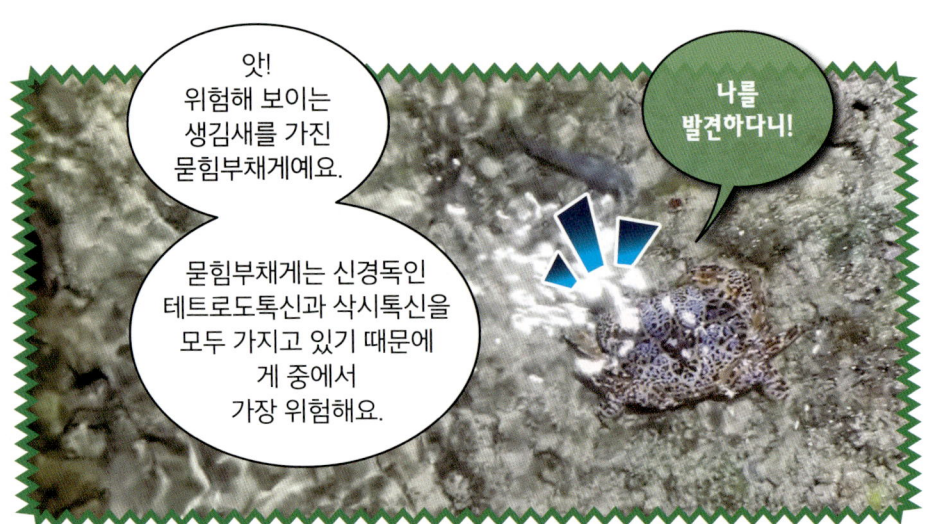

앗! 위험해 보이는 생김새를 가진 묻힘부채게예요.

나를 발견하다니!

묻힘부채게는 신경독인 테트로도톡신과 삭시톡신을 모두 가지고 있기 때문에 게 중에서 가장 위험해요.

악마 게(Devil crab)라고 불릴 만큼 전 세계에서 가장 위험한 게예요.

내 파란 무늬를 기억해!

묻힘부채게

'악마 게'라고도 불리는 묻힘부채게!

"우리나라에서도 발견된 기록이 있어요."

"바다의 평균 수온이 오르면서 우리나라에도 개체 수가 많아질 것으로 예상돼요."

작지만 위험한 생물!

"너무 예쁘죠? *복족류에 속하는 개오지류예요."

"껍데기가 도자기처럼 반짝이고 아름다워서 보석이나 장신구에 사용되기도 해요."

개모지

*복족류: 달팽이, 고동, 소라 등이 속하는 연체동물의 종류.

깃대돔을 잡았어요! 무리쉬아이돌이라고도 불러요. 무늬가 화려하고 예쁘죠.

깃대처럼 생긴 긴 지느러미를 가져서 깃대돔이라는 이름이 붙었어요.

생태 탐사 일지

대상: 매끈이송편게, 바위부채게, 뭍힘부채게

탐사 내용
1. 매끈이송편게는 평범한 게처럼 보여도 무시무시한 맹독을 갖고 있다.
2. 뭍힘부채게는 강한 독을 가지고 있어서 '악마 게'라고도 부른다.

느낀 점
무시무시한 독을 가진 게의 종류를 잘 기억해 두고,
바다에서 게를 보면 함부로 잡으면 안 되겠다.

먹이를 소화하는 영양체, 감각을 담당하는 감촉제 등 다른 능력을 가진 개체들이 모여 하나의 군체를 이루고 있어요. 이런 생물을 *다형성 군체라고 해요.

여러 개체가 합쳐진 특이한 해파리!

유리 조각 같기도 하고, 물풍선 같기도 해요. 크기가 작아서 잘 안 보이기 때문에 더 조심해야 해요.

*다형성 군체: 각기 다른 형태와 기능을 가진 개체들이 모여 형성된 하나의 군체.

작은부레관해파리는 헤엄치지 않고 바람이나 파도를 따라 떠다녀요. 그래서 수천 마리가 한꺼번에 해변으로 밀려오기도 해요.

멀리서 보면 마치 파란 비닐봉지 같아요.

잠깐 수집했는데 이만큼이나 잡았어요.

물에 넣으면 이렇게 물 위로 둥둥 떠다녀요.

둥실

둥실

길게 늘어진 부분이 독이 있는 촉수예요.

이 촉수를 만지는 것뿐 아니라, 촉수가 닿았던 물건을 만지는 것도 위험합니다. 왜냐하면 촉수가 물건에 붙어 있을 수 있거든요.

촉수

촉수가 정말 길죠?

길쭉

나를 만지지 마!

독이 있는 해파리와 함께 살아가는 생물도 있습니다.

가는동강연치는 작은부레관해파리와 *공생하며 살아가요.

가는동강연치

푸른갯민숭달팽이

작은부레관해파리의 독을 활용하는 생물도 있어요.

푸른갯민숭달팽이는 작은부레관해파리를 잡아먹은 뒤, 몸에 독을 저장해 놓고 위험할 때 사용해요.

작은부레관해파리를 잡아먹는 푸른갯민숭달팽이

*공생: 다른 종이 서로 도우며 살아가는 관계.

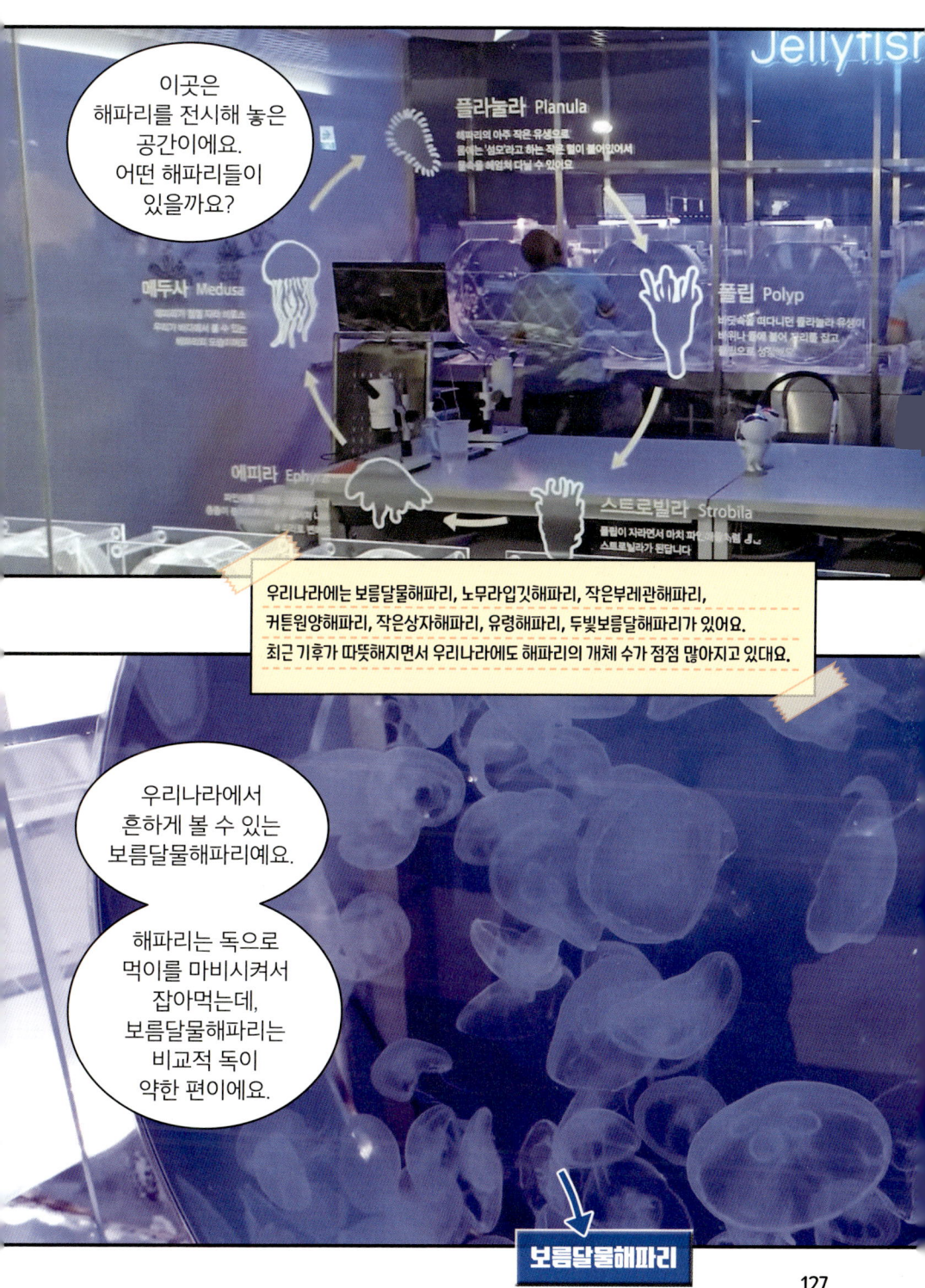

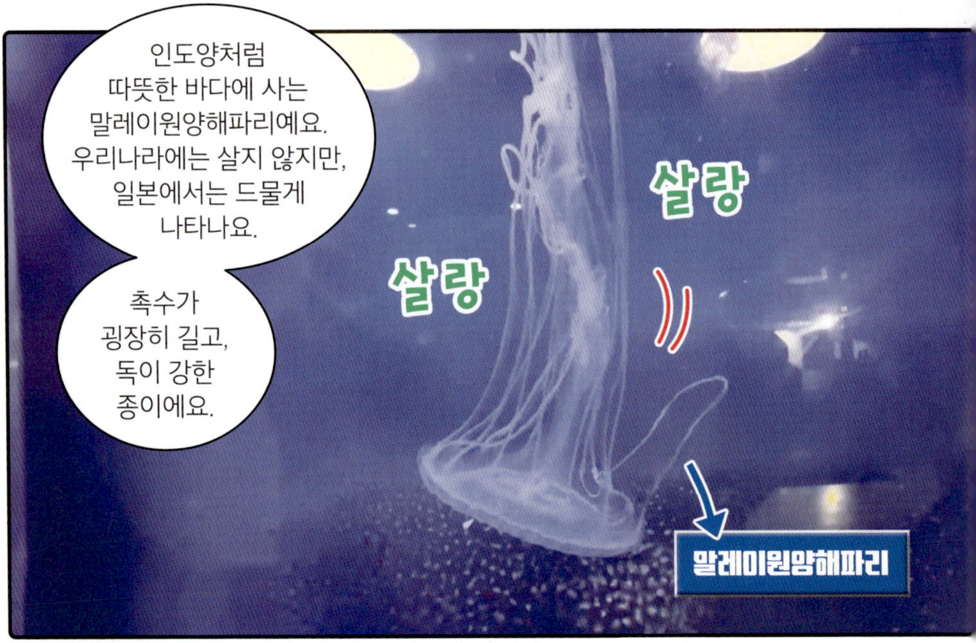

인도양처럼 따뜻한 바다에 사는 말레이원양해파리예요. 우리나라에는 살지 않지만, 일본에서는 드물게 나타나요.

촉수가 굉장히 길고, 독이 강한 종이에요.

살랑 살랑

→ 말레이원양해파리

→ 파랑해파리

파랑해파리는 인도양과 태평양에 걸쳐 서식하는 해파리로, 호주 연안에서 주로 발견돼요.

작고 귀엽지?

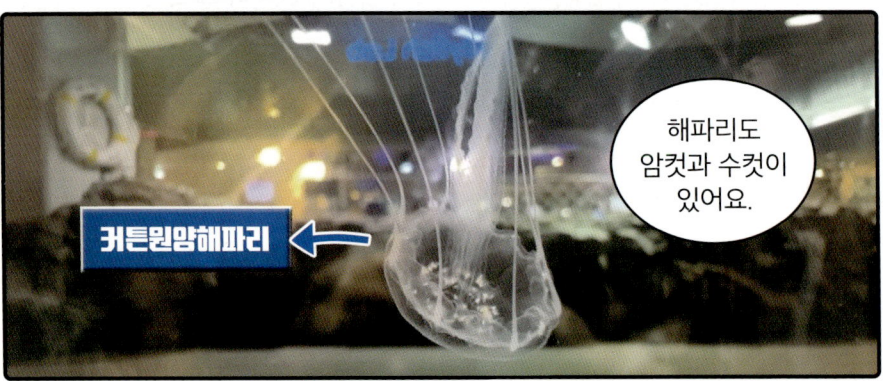

폴립 상태에서 시간이 지나면 몸이 점점 커지고 겹겹이 쌓인 모양이 됩니다. 이 상태를 스트로빌라(Strobila)라고 해요.

스트로빌라

에피라

스트로빌라가 하나씩 떨어지면 에피라(Ephyra)라고 하는 아기 해파리가 태어나요.

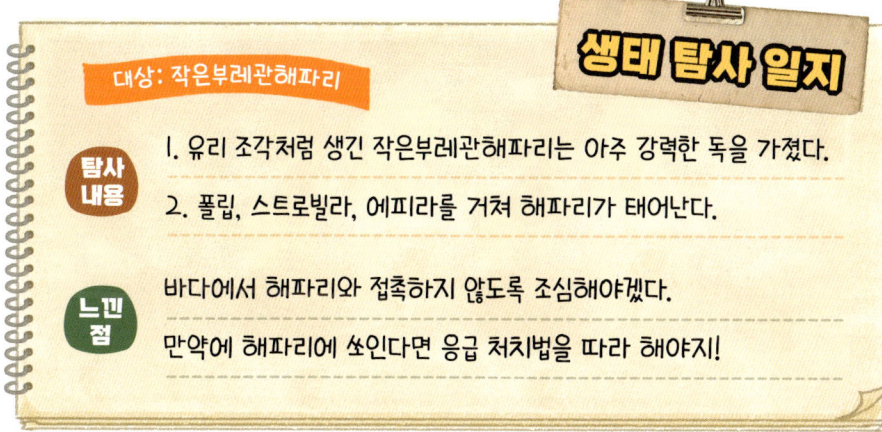

생태 탐사 일지

대상: 작은부레관해파리

탐사 내용
1. 유리 조각처럼 생긴 작은부레관해파리는 아주 강력한 독을 가졌다.
2. 폴립, 스트로빌라, 에피라를 거쳐 해파리가 태어난다.

느낀 점
바다에서 해파리와 접촉하지 않도록 조심해야겠다.
만약에 해파리에 쏘인다면 응급 처치법을 따라 해야지!

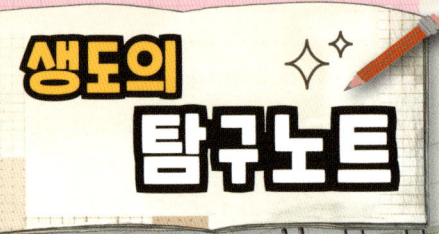

생도의 탐구노트

오늘의 주제: 독 응급 처치법

산에 오르거나, 바다에서 놀다가 독이 있는 생물에게 쏘이거나 물릴 수 있어요. 빠르게 병원에 가는 것이 가장 중요하지만, 기본적인 응급 처치 방법을 알고 있다면 큰 도움이 되겠죠?

벌

더 많은 벌들이 공격할 수 있으니 벌이 없는 곳으로 이동해요. 카드처럼 납작한 물건으로 쏘인 곳을 살살 밀어서 침을 빼고, 그 부위를 비눗물로 씻어요.

장수말벌
Vespa mandarinia

해파리

물 밖으로 빨리 나와서 바닷물로 상처 부위를 헹궈요. 민물이나 알코올로 씻으면 안 돼요. 쏘인 부위를 만지지 말고 병원에 가요.

노무라입깃해파리
Nemopilema nomurai

뱀

최대한 움직이지 않아야 몸에 독이 퍼지는 것을 늦출 수 있어요. 물린 부위를 심장보다 낮게 두어야 하며, 뱀의 생김새를 기억해서 어떤 뱀인지 알면 치료에 도움이 돼요.

유혈목이
Rhabdophis tigrinus

생도가 찍은
맹독 생물!

맹그로브투구게
Carcinoscorpius rotundicauda

매끈이송편게
Atergatis floridus

뭍힘부채게
Zosimus aeneus

작은부레관해파리
Physalia physalis

TV생물도감

탐사네컷

생생한 사진으로 만나는 초강력 배틀
생물 배틀 도감 시리즈

160p / 각 권 정가 14,000원

인기 생물 유튜버
TV생물도감의 강력 추천!

1 생생한 사진

2 흥미진진 배틀

3 신기한 생물 탐구

구입 문의: 02-791-0708 서울문화사

S 수학 도둑의
두 번째 초능력 모험이 시작되다!

도도와 친구들의 초능력 만화

격투술로 사칙연산을 배운다!

교환법칙, 결합법칙, 분배법칙이 한눈에 쏙쏙!

서울문화사　　　　　　© NEXON Korea Corp.